बच्चों का अपना संसार

डॉ. विजय मित्तल

डायमंड बुक्स

www.diamondbook.in

प्रकाशक : डायमंड पॉकेट बुक्स (प्रा.) लि.
X-30, ओखला इंडस्ट्रियल एरिया, फेज-II
नई दिल्ली-110020
फोन : 011-40712200
ई-मेल : sales@dpb.in
वेबसाइट : www.diamondbook.in
संस्करण : 2023

Bachchon Ka Apana Sansaar
By. Dr. Vijay Mittal

विषय सूची

बाल गीत

1.

बच्चों का अपना संसार
सबको हम पर आता प्यार

दूध मलाई मेवा खाते
रो-धो कर बातें मनवाते
कोई जब डांटे या मारे
गोद में मम्मी के छुप जाते
पापा के संग झूला झूलें
डाल गले बाहों का हार
सबको हम पर आता प्यार

टीचर हमको खूब हँसाती
खेल-खेल में खूब पढ़ाती
अच्छी-अच्छी बात बताती
पोयम स्टोरी रोज़ सुनाती
कभी होमवर्क नहीं किया तो
झूठ-मूठ होते बीमार
सबको हम पर आता प्यार

2.

आद्या का नाम आदू है आर्या का आरु

सर चढ़ कर बोले है इन दोनों का जादू

जाने कितने नाम रक्खे हैं घरवालों ने
खुश होती हैं जब भी बुलाओ आलू-कचालू

मोबाइल के बिना खिलाना कितना मुश्किल
ज़िद ना पूरी हो तो आये आँख में आंसू

रोज़ नई बातें करती हैं नये ही करतब
समझदार है आदू तो ताक़तवर आरु

दिन भर पूरे घर का करती हैं इंस्पेक्शन
मूड न हो तो काम करें न, दोनों टालू

इक दूजे के बिन रहती हैं गुमसुम गुमसुम
डांस करे आदू तो आरु जैसे भालू

दोनों के होने से महके है घर अपना
इक के हम दादू हैं और दूजी के नानू

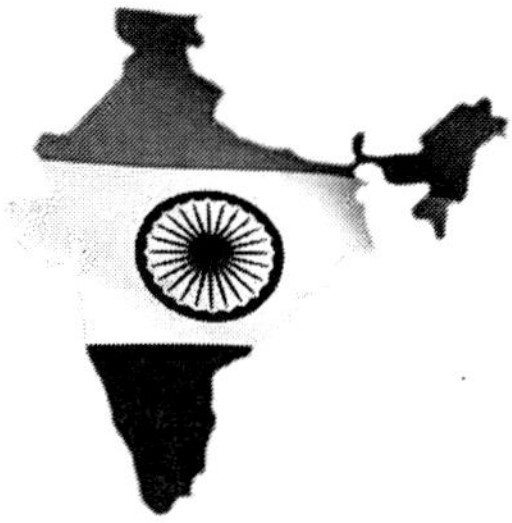

3.

भारत देश हमारा है

हमको जान से प्यारा है

परबत, नदियां, झरने, घाटी
सोने जैसी अपनी माटी
पेड़ लदे हैं फल, फूलों से
कितना ख़ूब नज़ारा है
हमको जान से प्यारा है

हिंदू, मुस्लिम, सिख, ईसाई
इक दूजे के भाई भाई
मेलजोल से साथ रहें हम
गुलदस्ता ये न्यारा है
हमको जान से प्यारा है

चुन्नू-मुन्नू तुम भी आओ
रोज़ सवेरे स्कूल में जाओ
पढ़-लिख जग में नाम कमाओ
फिर संसार तुम्हारा है

भारत देश हमारा है
हमको जान से प्यारा है

4.

सुबह सवेरे जल्दी उठना
ईश्वर आगे हाथ जोड़ना
तुमसे जो भी बड़े हैं घर में
उन सब को गुड मॉर्निंग कहना

सैर करो या दौड़ लगाओ
आलस्य को दूर भगाओ
टॉयलेट और ब्रश करो टीथ सब
रगड़-रगड़ कर रोज़ नहाओ

स्कूल हमेशा समय पे जाना
होमवर्क सब करके जाना
हाथ जोड़कर करो नमस्ते
टीचर की हर बात मानना

मोबाइल से दूर ही रहना
कुर्सी पर ही बैठ के पढ़ना
आँखों को हानि पहुंचाता
कम लाइट में काम न करना

मोमो, नूडल्स, पिज़्ज़ा, बर्गर
जंक फूड से करो परहेज़
घर का बना ही खाना खाओ
स्ट्रांग बनोगे, माइंड भी तेज़

5.

मैं हूं लड़का गोल मटोल

मुझको अच्छा लगता खाना
पिज़्ज़ा, बर्गर, मैगी, मोमोज़
आलू पूड़ी, चना भटूरा

चॉकलट, पेटी, पेस्ट्री, बर्फी
रसगुल्ला और रसमलाई
आइसक्रीम, रबड़ी हो जलेबी
लड्डू, पेड़ा, बालूशाही

पेट दर्द जब मुझे हुआ तो
मुझको डॉक्टर ने समझाया
दौड़ में फर्स्ट अगर आना है
वज़न पड़ेगा तुम्हें घटाना

जितनी भूख हो उतना खाओ
बार-बार मत खाते जाओ
जंक फूड और मीठा छोड़ो
पौष्टिक भोजन को अपनाओ

दूध, दही, फल, रोटी, सब्जी,
अंडा, दाल, पनीर भी खाना
रोज़ करो तुम एक्सरसाइज
नहीं पड़ेगा फिर पछताना

6.

मां मुझको दुनिया में लाई
देख मुझे हरदम मुस्काई
चोट लगी जब मैं रोई तो
झटपट-झटपट दौड़ी आई

अच्छा खाना रोज़ बनाती
नए खिलौने, ड्रेसिज़ लाती
रोज़ स्कूल बस तक ले जाती
होमवर्क सारा करवाती

मुझे मिठाई भी दिलवाती
पार्क घुमाने भी ले जाती
मेरे संग वो झूला झूले
कभी मॉल की सैर कराती

गाना गाते डांस भी करते
कितनी जल्दी शाम हो जाती
रात को जब मैं लोरी सुनती
मां की गोद में ही सो जाती

7.

पापा का जब बर्थडे आया
मम्मी ने फिर केक बनाया
मैंने बार-बार ये खाया
और पापा ने खूब खिलाया

सुबह वो जाते रात को आते
दिन भर सबसे काम कराते
पापा कभी टूर पर जाते
मैं और मम्मी भी घूम आते

पापा तो गाड़ी में जाते
हमको भी तो सैर कराते
मैं उनकी पद्दी चढ़ जाती
हंसते-हंसते हम सो जाते

8

लाल रंग का घर है मेरा
जिसमें रहते पापा-मम्मी
पापा-मम्मी ऑफिस जाते
पास है लेकिन मेरी दादी

मेरे घर के अंदर गार्डन
रंग-बिरंगे फूल हैं जिसमें
तोरी, बैंगन, पालक, धनिया
और मुलायम घास है इसमें

पूरे घर मैं दौड़ लगाती
साइकिल भी सरपट दौड़ाती
दादी कहती धीरे-धीरे
पर वो मुझको पकड़ न पाती

मम्मी-पापा जब घर आते
हंसते-हंसते गले लगाते
सब मिलकर फिर खाना खाते
प्रेयर करके सब सो जाते

9.

घर में मेरे एक बगीचा

फूल है जिसमें रंग-बिरंगे
रंग-रंगीली तितली आती
फूलों पर मंडराते भंवरे

नींबू, तोरी, भिंडी, बैंगन
मेथी, पालक और पुदीना
सरसों, धनिया, खूब टमाटर
है अमरुद भी और पपीता

सुबह शाम मैं घास पे चलती
साथ मेरे इक चले गिलहरी
एक कबूतर करे गुटरगूँ
चिड़िया आती चूँ-चूँ करती

गमले भी तो कितने सारे
रोज़ शाम मैं पानी देती
हरियाली ही हरियाली है
तुलसी मैया अच्छी लगती

10.

रॉक एंड रोल, रॉक एंड रोल

ढम ढमाढम बाजे ढोल
सारी मन की बातें खोल
जब भी बोल मीठा बोल
मन क्यूँ तेरा डांवाडोल
खुल जाती है झूठ की पोल
सूरज गोल, चंदा गोल
मम्मी की पूड़ी, रोटी गोल
पापा का रुपया, पैसा गोल
दादू से खेलें बैट एंड बॉल
और दादी का प्यार अनमोल

11.

भारत देश की शान तिरंगा
है मेरी पहचान तिरंगा
चक्र है नीला बीच सफ़ेद
नीचे हरा, ऊपर केसरिया

दिन जब आज़ादी का आए
घर-घर में लहराए तिरंगा
जन गण मन सब गाएं मिलकर
मेरे मन को भाए तिरंगा

सेना का ये मान बढ़ाए
दुश्मन को फिर मार भगाए
कोई अगर शहीद भी हो तो
वो जवान अमर हो जाए

12.

ये धरती अपनी माता है

सदियों से अपना नाता है
हमको भोजन, पानी देती
जगजननी है जगदाता है

बोतल, थैली, खेल-खिलौने
जो भी देखो हैं प्लास्टिक के
घर बाहर के ढेरों डिब्बे
खाली हो कूड़े में जाते

गाय बिचारी क्यूँ दुःख पाती
थैली खाती और मर जाती
जमा हुआ प्लास्टिक सागर में
जिसको खा मछली मर जाती

प्लास्टिक थैली कभी न गलती
नाली रुकती, बदबू आती
बारिश होती जब भी छम-छम
यही सड़क नाला बन जाती

नाली में कूड़ा मत डालो
यही हमेशा नियम बना लो
प्लास्टिक बोतल, थैली छोड़ो
कागज़, कपड़ा, जूट अपना लो

13.

रात गई फिर हुआ सवेरा

सूरज आया हमें जगाने
खिड़की से जब किरणें आई
मां की डांट से झट उठ बैठे

दिन भर कितनी मस्ती करते
पंछी उड़ते, कितने ऊंचे
मैं भी उड़ता आसमान में
पंख अगर मेरे भी होते

बादल हैं या रुई के फाहे
कितनी सारी शेप बदलते
कभी सटक जाते चंदा को
लेकिन चंदा फिर से निकलते

रात में चाँद और तारे आते
तारे आंख मिचौली करते
चंदा जैसे इनके दादू
सब की पहरेदारी करते

आसमान है कितना ऊंचा
कितना फैला, लंबा चौड़ा
मुझको सुंदर प्यारा लगता
जैसे सिर पर नीला छाता

14.

चंदा चमका आसमान पर

प्यारा-प्यारा ठंडा-ठंडा
कभी लगे ये ठहरा ठहरा
और कभी ये लगे दौड़ता

पूरा, आधा या हंसिया सा
रोज़ नई क्यूँ शेप बदलता
कभी रात ये जगमग करता
और कभी ग़ायब हो जाता

कभी पेड़ से लटका लगता
आसमान में मोती जैसा
दिल करता मैं चट कर जाऊं
बड़ा सा रसमलाई जैसा

15.

सूरज सबसे चमकीला है

पृथ्वी घूमे चारों ओर
हाइड्रोजन हीलियम से बना है
दिखता है जब होती भोर

ऊर्जा और प्रकाश ये देता
पाँच अरब साल है जीवन
हम करते हैं इसकी पूजा
सबको देता है ये जीवन

लगता कितने पास हमारे
आँख मिला पाएं न मगर
पृथ्वी से सूरज की दूरी
पंद्रह करोड़ किलोमीटर

16.

हाइड्रोजन ऑक्सीजन इसमें
जल से सुन्दर दिखता उपवन
एक बूंद भी करो न बर्बाद
जल से ही तो होता जीवन

पानी का कोई रंग नहीं है
जो रंग डालो वैसा दिखता
पानी की कोई शेप नहीं है
जिसमें डालो वैसा बनता

पानी से बनती है बिजली
घर, दफ्तर और बनती बिल्डिंग
बिन पानी के फ़सल उगे ना
और नामुमकिन होता जीवन

17.

हवा ही हमको जिंदा रखती

हवा में होती है ऑक्सीजन
इसे विषैला नहीं बनाना
दूभर होगा फिर ये जीवन

सांस हो मुश्किल, दमा हो, कैंसर
आयु हो जाती है कम
सिगरेट, बीड़ी हानिकारक
याद इसे रखना हरदम

ये सबको ऑक्सीजन देते
पेड़ लगाएं हर आंगन
डीजल और पेट्रोल छोड़कर
सीएनजी, बिजली वाहन

18.

टीचर मेरी बड़ी सयानी
करती है जो मन में ठानी
प्यार करे वो मम्मी जैसा
डांटे तो याद आती नानी

कभी सुनाएं हमको कविता
कभी स्टोरी भी तो सुनाती
पूरा ध्यान हमारा रखती
खूब पढ़ाती खूब हंसाती

एक्सरसाइज करते डेली
प्रेयर हमको रोज़ कराती
होमवर्क भी देती हमको
स्कूल की फिर छुट्टी हो जाती

19.

स्कूल मेरा डी. पी. एस. नोएडा

लाल रंग की बिल्डिंग आई
बहुत बड़ा है प्लेग्राउंड भी
नहीं गंदगी खूब सफ़ाई

होती है हर रोज़ असेंबली
प्रेयर होती, स्पीच भी होती
क्लास में टीचर मैडम आती
ख़ूब पढ़ाती, ख़ूब हंसाती

लंच टाइम में खाना खाते
इक दूजे का भी खा जाते
घर की कितनी बातें करते
भाग-दौड़ कर खेल खेलते

स्कूल मेरा है कितना प्यारा
घर जैसा ही तो लगता है
मंडे हो या हो फिर संडे
रोज़ आने का मन करता है

20.

मेरे स्कूल की बस है लंबी
ठंडी ठंडी, चलता ऐ.सी.
ड्राइवर अंकल हॉर्न बजाते
और बस स्टॉप से हम चढ़ जाते

कितने सारे बच्चे इसमें
साथ में होती है टीचर भी
कंडक्टर ने सीटी दी तो
झट से अपनी गाड़ी चल दी

स्कूल पहुंचकर सभी उतरते
लाइन बनाकर क्लास में जाते
टीचर हमको खूब पढ़ाती
अच्छी-अच्छी बात बताती

वापस जब हम बस में आते
खेल-कूद कर हम थक जाते
बस चलती तो नींद आ जाती
या वाटर बोटल छोड़ आते

स्टॉप प टीचर मुझे जगाती
बैग और बोटल मुझे थमाती
दादी का फिर कार्ड देखती
और दादी मुझको ले जाती

21.

भूरी चिड़िया मुझको भाती
चीं चीं करती घर में आती
देख के मुझको खुश हो जाती
फुदक-फुदक कर मन बहलाती

जाने कहां से तिनके लाती
इतना सुंदर नेस्ट बनाती
बच्चों ख़ातिर दाना लाती
इक पल में फुर्र से उड़ जाती

पॉल्यूशन से घबराती है
शहर से ग़ायब हो जाती है
और प्रदूषण मत फैलाओ
चिड़िया को वापस ले आओ

कितनी सुंदर मेरी चिड़िया
फुर्तीली, प्यारी गौरैया

22.

आओ कबूतर आओ कबूतर

मेरी छत पर आओ कबूतर
देखो प्लेट भरी दाने से
जितना चाहो खाओ कबूतर

वाइट सलेटी रंगो वाले
खूब बाजरा दिन भर खाते
जिस घर में ये नेस्ट बनाते
उस घर में खुशहाली लाते

दिन भर करते गुटर गुटरगूँ
जैसे स्टोरी मुझे सुनाते
मटक-मटक कर चलते रहते
और कभी झट से उड़ जाते

छोटी चोंच है गर्दन छोटी
दाना खाते, करते पोटी
मोटी बिल्ली देख के उड़ गए
बिल्ली की नीयत है खोटी

आसमान में जब ये उड़ते
पोस्टमैन भी बन जाते हैं
दिन भर सैर सपाटा करते
शाम को घर वापस आते हैं

23.

छोटी, पतली, मेरी गिलहरी

पूंछ है लंबी, बालों वाली
बड़ी-बड़ी हैं आंखें इसकी
सॉफ्ट है बॉडी, फर है रेशमी

जल्दी-जल्दी खाना खाती
जब बैठे तो पूंछ है ऊंची
लगता जैसे हाथ जोड़ती
या फिर मेडीटेशन करती

भूरी-भूरी कई धारियां
लगती कितनी स्मार्ट गिलहरी
झट से पेड़ पे चढ़ जाती है
दौड़ के मेरे पास आती है

24.

डॉगी पूंछ हिलाता आया

रोटी देख के जी ललचाया
पहले सूंघा सारा खाना
फिर तो उसने लप-लप खाया

जो भी उसको देता खाना
पास बुला कर दूध पिलाता
उसकी फिर करता रखवाली
प्यार से उसको खूब चाटता

कभी अजनबी कोई आए
इक दम कान खड़े हो जाते
गली के डॉगी दौड़े आते
भौंक-भौंक कर दूर भगाते

डॉगी से मत डरना भाई
तंग इसे मत करना भाई
वरना तुमको ये काटेगा
अस्पताल फिर जाना पड़ेगा

25.

गाय देखो कितनी अच्छी
मम्मी इसको रोटी देती
ये बदले में दूध, मलाई
माखन, छाछ और घी देती

घास तो इसको इतनी भाती
जाने कितनी बार चबाती
घंटों बैठ जुगाली करती
बैठे-बैठे ही सो जाती

गाय की हम पूजा करते
कृष्णा की मुरली सुन आती
लेकिन जब ये बूढ़ी होती
गौशाला में जा बस जाती

26.

देखो एक मदारी आया
बंदर और बंदरिया लाया
डमरु बजा के ख़ूब नचाया
सब बच्चों का मन बहलाया

छोटी सी आंखें मंकी की
खौ-खौ करके हमें डराता
शौक से खाए चना व केला
टोपी, चश्मा पहन इतराता

यूं तो सब पर गुर्राता है
पर लंगूर से घबराता है
जैसे हो जिम्नास्ट कहीं का
झट से पेड़ पर चढ़ जाता है

27.

बिल्ली करती म्याऊं म्याऊं

जैसे पूछे “मैं आऊं “मैं आऊं”
भूख लगे तो कुछ ना सोचूँ
चिड़िया, तोता सब खा जाऊं

तेज़ बहुत ही कान हैं इसके
पंजों से चलकर आ जाए
गोल चमकती बटन सी आँखें
चूहा देख झपट्टा मारे

दूध मिले सब चट कर जाती
ताकतवर, कितनी फुर्तीली
जंप लगा चढ़ जाए छत पर
पर डॉगी से डर-डर जाती

28.

तितली आई, तितली आई
रंग-बिरंगी सबको भाई
पंख है कोमल मक्खन जैसे
तभी तो कहते बटरफ्लाई

तितली बैठी, पंख खड़े हैं
चमकीले और बड़े-बड़े हैं
लाल, गुलाबी, नीले, पीले
मोती जैसे कई जड़े हैं

फूल-फूल मंडराती फिरती
कितनी पतली, कितनी हल्की
छोटा सिर और बड़ी हैं आंखें
पकड़ न ले कोई, ये डरती

दूर से देखो मन बहला लो
तितली का इक चित्र बना लो
इसमें भी नन्ही सी जां है
डिब्बे, पुस्तक में मत डालो

29.

मोर हमारा राष्ट्रीय पक्षी

कितना सुंदर है चितचोर
काले बादल घुमड़ के आए
देखो नाच रहा है मोर

इसके पंख हैं कितने प्यारे
जब फैलाए खुशी के मारे
नीले, हरे हैं रंग-बिरंगे
देख के हम तो सुध-बुध हारे

नीलकंठ के सिर पर कलगी
जो देखे दिल पर छा जाए
कुह-कुह बोले जब ये पंछी
सुनकर मोरनी दौड़ी आए

मोरपंख बच्चों को भाये
ये कृष्णा का मुकुट सजाए
पुस्तक में रख लेता हूँ मैं
विद्यादायिनी ये कहलाए

30.

काला कौवा छत पर आता
कांव-कांव कर मुझे बुलाता
बचा खुचा सब खाना खाता
पानी पीता और उड़ जाता

बहुत ही तेज़ दिमाग है इसका
हर मुश्किल आसान बनाता
मटके में पानी गर कम हो
कंकड़ डाल के प्यास बुझाता

जब भी मेरे घर ये आता
कोई अच्छी ख़बर भी लाता
चना व रोटी इसे खिलाओ
कौवे को तुम दोस्त बनाओ

31.

हाथी सूंड हिलाता आया
मस्ती में लहराता आया
लंबा-चौड़ा मोटा हाथी
जाने कितना खाना खाता

लंबे हैं दो दांत नुकीले
पंखे जैसे कान हैं इसके
पूंछ भला इतनी छोटी क्यूं
पांव है जैसे तने पेड़ के

हाथी राजा पास तो आओ
पीठ पे अपनी मुझे बिठाओ
खूब देर तक सैर कराओ
सारा जंगल मुझे दिखाओ

32.

हरे रंग का सुंदर तोता

छोटी-छोटी आंखों वाला
एक है छोटा, एक है मोटा
मुझसे ढेरों बातें करता

लंबी-लंबी पूंछ है इसकी
लाल चोंच है मुड़ी हुई सी
टेढ़ी-मेढ़ी चाल से चलता
हरदम टैं टैं टैं टैं करता

जो मैं बोलूं वही बोलता
ये तो सबसे न्यारा दिखता
मिट्ठू कितना समझदार
मैना से करता है प्यार

33.

लगता कितना प्यारा भोला
रैबिट है या रुई का गोला

बड़े शौक से खाए गाजर
बदन प वाइट मुलायम हैं फर
दो चमकीली आंखें सुंदर
चले हैं कैसे फुदक-फुदक कर

जिंदा रहता घास पात पर
है खरगोश बहुत ही कोमल
कैसे चारों और देखता
ये बेहद फुर्तीला, चंचल

कान है लंबे, दांत नुकीले
लेकिन बिल्कुल नहीं काटता
पकड़ न पाए कोई इसको
तेज़ बहुत खरगोश भागता

34.

दिन भर दौड़ लगाता चूहा
फिर बिल में घुस जाता चूहा

लंबी पतली पूंछ है इसकी
कान हैं छोटे, आँख भी छोटी
दांत बहुत ही पैने इसके
जाल कुतर डाले कोई भी

कान तेज़ और नाक तेज़ है
ढूंढ ही लेता है ये खाना
चूँ चूँ करता रहता हरदम
क़ाबू किसी तरह न आता

गेहूं, चावल, रोटी, कागज़
खाए, फैलाए बीमारी
ये यूं ही नुकसान करे तो
ले आओ इक चूहेदानी

35.

शेर तो है जंगल का राजा

ताकतवर, कितना फुर्तीला
दांत नुकीले चाकू जैसे
जो भी देखे है डर जाता

बाल सुनहरे, चौड़ा सीना
रंग है इसका भूरा, पीला
जब देखो आराम ही करता
हाथी को भी मार गिराता

इसको ख़तरा इंसानों से
जो करते इसका व्यापार
खत्म न हो जाए दुनिया से
कर न सके अब कोई शिकार

36.

बहुत सुडौल है मेरा घोड़ा

है सफेद, भूरा और काला
जहां कहो हमको ले जाए
खड़े-खड़े ही फिर सो जाता

शादी में घोड़ा होता है
दूल्हा बड़ी शान से आता
सजी हुई घोड़ागाड़ी में
संग ये दुल्हन को ले जाता

चेस में भी तो घोड़ा होता
और वॉर में भी काम आता
वफ़ादार है इंसानों का
पोलो हो, घुड़दौड़ या तांगा

बोझ उठा लेता है भारी
दाल चना और घास ये खाता
नाल ठोक दी जब पांवों में
घंटों तलक ये दौड़ लगाता

37.

ऊंट है कितना ऊंचा लंबा
रेगिस्तान का है ये जहाज़
नज़र है पैनी कान भी तेज़
दूर से सुन लेता है आवाज़

चलता है ये हिलता-डुलता
और कभी ये दौड़ लगाता
सर्कस में भी देखा इसको
कैसे ये करतब दिखलाता

कितने बड़े दो उबड़ इसके
करता रहता है ये जुगाली
दूध ऊंटनी का पीऊँगी
मैं तो करूंगी ख़ूब सवारी

38.

रंग-बिरंगी पतली मोटी
कोई हल्की कोई भारी
स्टआउट है मछली सबसे छोटी
ब्लू व्हेल है सबसे लंबी

गिटर-पिटर पानी में करती
जाने क्या-क्या बातें करती!
बार-बार मुंह खोले अपना
मछली कितनी सुंदर लगती

गोते खूब लगाए मछली
सारा दिन ही स्विमिंग करती
मर जाएगी बिन पानी के
नाम जलपरी, जल की रानी

39.

देखो एक मदारी आया
साथ में काला भालू लाया
डम-डम डमरू बजे ज़ोर से
सुनकर हर इक दौड़ा आया

लंबा चौड़ा है ये भालू
मोटी टांगे बड़े हैं बाज़ू
नाक बड़ी, नाखून बड़े हैं
कैसे मदारी करता क़ाबू!

घुंघरू बांध के नाच दिखाता
कभी मदारी पर गुर्राता
ढकी हुई बॉडी बालों से
शहद तो इसको बहुत ही भाता

भारी, लेकिन तेज़ दौड़ता
पेड़ पे चढ़ता, तैर भी लेता
इसकी खाल से कंबल बनते
कोट और टॉप भी इससे बनता

40.

दुबली पतली छोटी चींटी

एक लाइन में ही क्यों चलती?
कितनी मिलनसार है देखो
रुक-रुक सबसे बातें करती

कोई काली कोई भूरी
बीस गुना भी वजन उठाती
मीलों चलती रहती दिनभर
चीनी इसको बहुत है भाती

ये तो काटे बहुत ज़ोर से
है छोटी लेकिन बलशाली
अगर कान में घुस जाए तो
हाथी की भी नींद उड़ाती

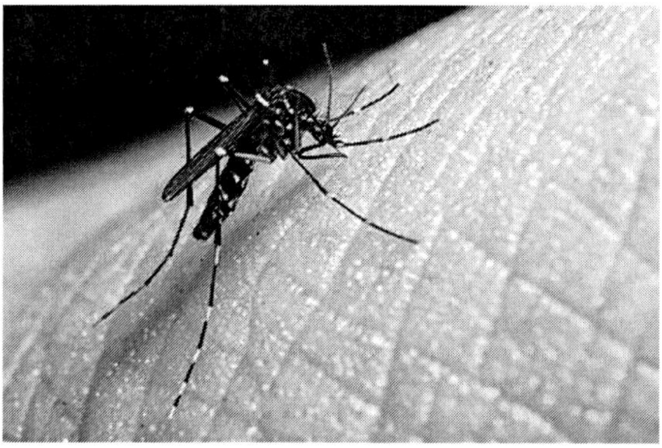

41.

मच्छर हैं कितने शैतान
करते दादू को परेशान
दादी को बिल्कुल ना काटे
और दादू की लेते जान

दादू कभी अगरबत्ती जलाएं
मच्छरदानी रोज़ लगाएं
एक भी मच्छर गर घुस जाए
पूरी रात करे परेशान

गुडनाइट भी लगा के देखी
नीम की लीव्स जलाकर देखी
रैकेट से वो मच्छर मारें
करें रतजगा क्यूं भगवान!

ऐसा कोई उपाय बताओ
आफ़त में है इनकी जान
काट न पाएं कभी इन्हें ये
दादू को दे दो वरदान

42.

मोबाइल है मुझको प्यारा

बिन देखे नहीं खाऊं खाना
गाने, कभी कहानी सुनती
गुटटू, चिंकी और गणेशा

मोबाइल है बहुत काम का
इसमें यूट्यूब, घड़ी, कैमरा
जो बोलूं हो जाए रिकॉर्डिंग
फोन करूं तो फेस भी दिखता

गाने सुन कर डांस करें हम
मिलकर मौज मनाएं हरदम
चैट करूँ मम्मी-पापा से
गप्पे मारें, खूब हंसें हम

डांट पड़े, गर ज़्यादा देखूं
सर में दर्द मेरे हो जाए
बैठ-बैठ मोटी हो जाऊं
कभी आँख से पानी आए

43.

आओ खेलें डॉक्टर डॉक्टर

तुम हो पेशेंट, ये कंपाउंडर
मैंने कोट सफ़ेद है पहना
मैं हूं तुम दोनों की डॉक्टर

गुड़िया को जब फीवर आया
मैंने थर्मामीटर लगाया
एक सौ दो आया टेंपरेचर
पेट दर्द से रोते पाया

स्टैथोस्कोप लगाया दिल पर
धक धक धक धक करता पाया
गला भी देखा टॉर्च जला कर
झट इंजेक्शन उसे लगाया

साफ़-सफ़ाई रखना गुड़िया
रोज नहाना, टॉयलेट जाना
चाट, पकौड़ी, बर्गर छोड़ो
घर का बना ही खाना खाना

44.

आसमान में उड़ी पतंगे

पंछी जैसे रंग बिरंगे
छोटी बड़ी है सभी शेप की
किसी की पूंछ है कितनी लंबी

मेरी पतंग तो लगे तिरंगा
कागज़ इसका रंग बिरंगा
पास जो आए काट गिराऊं
मुझसे मत लेना तुम पंगा

चरखी तुम पकड़ो धीरे से
डोर मैं छोड़ूं धीरे-धीरे
जिधर भी चाहूं उधर मोड़ दूँ
मेरी पतंग है सबसे आगे

कटे पतंग न पीछे भागो
छत से भैया गिर ना जाना
गाड़ी से टकराओगे तो
बहुत पड़ेगा फिर पछताना

मांझा चाहे रक्खो पक्का
पर शीशे वाला मत लेना
स्कूटर, मोटरसाइकिल वाले
इसमें अटक-अटक मर जाते

45.

चौकीदार की शान निराली

नीली वर्दी टोपी काली
मुंह में सीटी हाथ में डंडा
गली की करता है रखवाली

कुत्ते को डंडे से डराता
पूंछ दबा वो दौड़ा जाता
टाइम से आ जाता ड्यूटी पर
गली के चक्कर रोज़ लगाता

अब न कोई चोरी होती
खुला भी रह जाए घर मेरा
सेफ हैं मोटरसाइकिल, गाड़ी
रात हो या हो शाम-सवेरा

46.

बिजली चमकी टेढ़ी-मेढ़ी

बादल गरजे बारिश आई
मोती जैसी बूंदें गिरती
धरती की हो गई धुलाई

कोई दिखता रेनकोट में
और किसी के हाथ में छाता
तेज़ हवाएं जब भी चलती
हाथों से छाता उड़ जाता

हम छत पर चढ़ जाएंगे
बारिश में खूब नहाएंगे
कागज की नाव चलाएंगे
और चाय-पकौड़े खाएंगे

47.

पेड़ों की है शान निराली

लदी फूल से डाली-डाली
लकड़ी से दरवाज़े बनते
जिन से होती है रखवाली

पंछी रहते नेस्ट बनाते
इनकी छांव में हम सो जाते
इनसे बहुत दवाएं बनती
और बाढ़ से हमें बचाते

शाखों पर हम झूला डालें
तने से सुंदर नाव बना लें
फल और सब्ज़ी देते हमको
जितना जी चाहे हम खा लें

पेड़ हमें ऑक्सीजन देते
ऑक्सीजन क्या जीवन देते
आओ प्रदूषण दूर भगाओ
पेड़ लगाओ, पेड़ लगाओ

48.

आज है मां, जन्माष्टमी का दिन

हैप्पी बर्थडे कृष्णा का
मुझे बांसुरी, मुकुट दिलाना
मोरपंख हो सुंदर सा

मिश्री, माखन खाऊंगी
छप्पन भोग लगाऊंगी
मैं भी सुदर्शन चक्र पहनकर
कंस को मार भगाऊंगी

इस्कॉन मंदिर भी ले जाना
सुंदर झांकी सभी दिखाना
आज दही हांडी फूटेगी
खूब सजावट, नाच और गाना

गीता का भी पाठ पढ़ाना
मैया गैया भी दिखलाना
राधा प्यारी और गोपियां
साथ सभी के रास रचाना

कितने सुंदर हैं गोविंद
झूला झूले बाल गोपाल
छुट्टी के दिन मेला घूमा
याद रहेगा पूरे साल

49.

जगमग जगमग आई दिवाली

पूरे घर की हुई सफ़ाई
रंगोली से घर को सजाया
नई ड्रेस मुझको दिलवाई

आज तो मेरे स्कूल की छुट्टी
मम्मी लाई रसमलाई
हलवा पूड़ी, आलू सब्ज़ी
गपगप-गपगप सबने खाई

दीवाली मेले में जाते
झूले झूल मिठाई खाते
खूब घूमते मौज उड़ाते
रात को फिर हम वापस आते

पॉल्यूशन से बढ़े बीमारी
सांस भी लेना होता भारी
बम पटाखों से जल जाते
फूलझड़ी ही मुझको प्यारी

लक्ष्मी और गणेश आरती
रात को सब मिल करते पूजा
गिफ्ट मिलें सबको दादू से
यूं त्यौहार ये होता पूरा

50.

दस दिन देखी राम की लीला

आया फिर त्यौहार दशहरा
राम ने तीर चलाया ऐसे
जल उठा रावण का पुतला

राम की लीला में था मेला
लिए खिलौने झूला झूला
घोड़े की भी करी सवारी
लगा हुआ था भीड़-भड़क्का

अच्छाई की जीत हुई फिर
मुक्त हो गई माता सीता
हनुमान की पूंछ जली तो
साथ जली सोने की लंका

बीस दिनों के बाद दिवाली
चलो बजाओ मिलकर ताली

51.

होली रंगों का त्यौहार

साल में क्यूँ आये इक बार!
रंग बिरंगा पानी भरकर
पिचकारी से हो बौछार

होली में सब रंग लगाते
खूब नाचते, गाने गाते
मुश्किल से फिर रंग छुड़ाते
और मिठाई, गुजिया खाते

इक दूजे को गले लगा के
ढोल बताशे बजा-बजा के
सड़क पे नाचे टोली है
बुरा न मानो होली है

52.

आया राखी का त्यौहार

खूब है भाई-बहन का प्यार
पहन के कपड़े नए-नए
चलो सजा हुआ बाज़ार

रोली, चावल और कलावा
भाई को मैंने तिलक लगाया
जब कलाई पर राखी बांधी
रसगुल्ला, पेड़ा भी खिलाया

कच्चा धागा, पक्का रिश्ता
रक्षा का विश्वास दिलाया
भाई ने उपहार दिए और
राखी का यूं मान बढ़ाया

53.

नया साल मुस्काता आया
साथ में ढेरों खुशियां लाया
बम-पटाखे खूब चलाए
हैप्पी न्यू ईयर भी गाया

स्पेशल शो आया टीवी पर
और कॉमेडी शो भी आया
बारह बजे तक देखा मैंने
तभी तो एक जनवरी आया

हैप्पी न्यू ईयर सब कहते
बातें करते मस्ती करते
नई ड्रेस ही पहनी सबने
और बाज़ार भी ख़ूब चमकते

टाइम कभी भी वेस्ट न करना
हर इक काम समय पर करना
फिर कोई अफ़सोस न होगा
नया हमेशा हर दिन होगा

54.

आज है क्रिसमस हॉलीडे

यीशु मसीह का है बर्थडे
खुशी मनाओ और सब बोलो
मेरी क्रिसमस हर इक से

बाज़ारों में खूब सजावट
क्रिसमस कार्ड बहुत प्यारे
दूकानें भी भरी पड़ी हैं
नए-नए उपहारों से

हरा है ये क्रिसमस ट्री मेरा
लाल, सुनहरा रंग इसमें
कैंडल भी तो खूब जलाई
और सजाया घंटी से

रात को थी फिर घर में दावत
गाया जिंगल बेल सबने
सांता क्लॉस बन गिफ्ट दिए तो
प्यार किया मुझको सबने,

55.

मेरी फ्रेंड का नाम सायरा

ईद मुबारक मैंने बोला
शीर खुरमा, खीर वो लाई
मिलकर हम दोनों ने खाई

ईदी दी उसके अब्बू ने
और नए कपड़े दिलवाए
दान ग़रीबों को दे कर वो
उसको मेहंदी लगवा लाए

गले मिलें सब इक दूजे से
अदा करें जुम्मे की नमाज़
खिले खिले हैं चेहरे सबके
अल्लाह हो अकबर आई आवाज़

56.

नाव चली रे नाव चली

डगमग-डगमग नाव चली
बिना किसी भी पांव चली
लेकर मुझको गांव चली

नाव तो होती है लकड़ी की
सदा तैरती, नहीं डूबती
ये तो चलती पतवारों से
लगता है पानी पे नाचती

जाल डालकर पकड़ी मछली
लहरें जैसे गाना गाती
बूढ़े, अंकल, आंटी बैठे
साइकिल, बंदर और मदारी

57.

पापा लाए मॉल घुमाने
शॉपिंग करने, खाना खाने
कितना बड़ा है, कितना सुंदर
फिर आऊंगी किसी बहाने

कितनी सारी यहां दुकानें
लिफ्ट भी है और एस्केलेटर
टॉयज़, गेम्स तो भरे पड़े हैं
और यहां पर फिल्म थिएटर

मॉल में मैंने झूले झूले
पापा ने नई फ्रॉक दिलाई
खाना तो था बहुत ही यम्मी
आइसक्रीम खाकर घर आई

58.

इक मेरा छोटा सा भाई

दूध वो पीता है बोतल से
सुसु-पॉटी करता रहता
सोता है वो बड़े मजे से

भूख लगे तो रोने लगता
हाथ और पांव पटकने लगता
बात है देखो कितनी फनी
रात को खेले दिन में सोता

भाई मेरा बहुत ही प्यारा
देख के मुझको खिल-खिल हंसता
हम दोनों फिर खूब खेलते
उसके बिन सब सूना लगता

59.

बाइक चलाओ हेलमेट लगा के
खुद भी बचो औरों को बचा के

रोड क्रॉस जब करनी हो तो
दाएं-बाएं देख के करना
अंडरपास, फुटओवर ब्रिज
जेबरा क्रॉसिंग से ही करना

सेफ यही फुटपाथ पे चलना
बस के पीछे नहीं भागना
देर भले कितनी हो जाए
पूरी रुक जाए तब चढ़ना

जम्प नहीं करना रेड लाइट
सीट बेल्ट भी बांधो टाइट
रेस लगाना ख़तरनाक है
कार स्कूटर हो या बाइक

60.

दादी रोज़ ही मंदिर जाती
कभी-कभी मुझको ले जाती
दानपेटी में पैसे डाले
फिर प्रसाद मुझे दिलवाती

भगवानों की बहुत मूर्ति
सबके आगे हाथ जोड़ती
रोज़ आरती होती इसमें
और आवाज़ शंख की आती

दादी रोज़ परिक्रमा करती
शिव, नंदी पर जल भी चढ़ाती
कभी दिलाएं मुझे कचौड़ी
कभी मिठाई भी तो खिलाती

दुर्गा माता, राम और सीता
हनुमान जी करते वंदन
शिवजी, पार्वती हैं गणेशा
सफल करो पूजा से जीवन

61.

लंबी पतली बाल सुनहरे
मेरी गुड़िया कितनी सुंदर
गोरा रंग और बड़ी है आंखें
ये तो लगती सबसे हटकर

नई-नई मैं ड्रेस पहनाऊं
बाल संवार के क्रीम लगाऊं
बैग टांग कर हाथ में इसके
शूज़ पहना, शॉपिंग ले जाऊं

शॉप में इसको मिला इक गुड्डा
वो भी गोरा, लंबा-चौड़ा
गुड़िया को जब पसंद आ गया
गुड़िया का फिर ब्याह रचाऊं

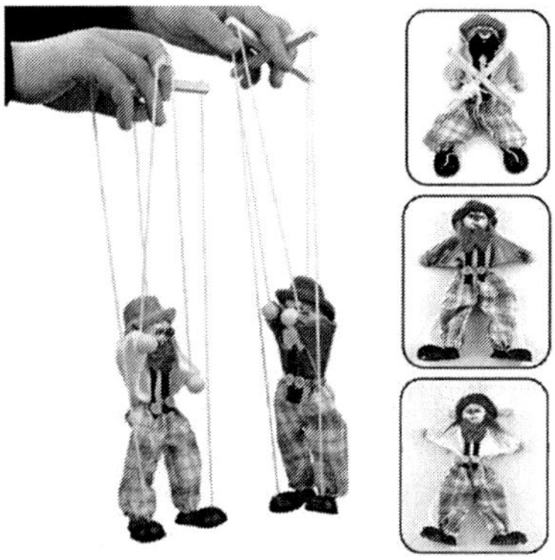

62.

दस्ताने और धागे वाली
यह तो लगती बड़ी सयानी
हाथ हिलाकर मटक-मटक कर
कठपुतली ने कही कहानी

कठपुतली लकड़ी से बनती
कपड़ा, कागज, रुई की होती
मोटी, पतली, नाटी, लंबी
ये तो होती रंग बिरंगी

बीच-बीच में बजती सीटी
गाना गाए, डांस भी करती
अलग-अलग रंगों की लाइट
कितनी सारी बातें करती

कठपुतली को नचा-नचा कर
हम बच्चों को खूब हंसाया
और अंकल ने खेल-खेल में
मानवता का पाठ पढ़ाया

63.

छोटी बहन है कितनी छोटी

अभी तो बस लेटी ही रहती
मुझे देख कर मुस्काती है
गर्दन इधर घुमाती है

बार-बार ये जीभ निकाले
लगता जैसे मुझे चिड़ाए
कभी बहुत ही शोर मचाए
मम्मी ले तो चुप हो जाए

लेटे-लेटे साइकिलिंग करती
भूख लगे तो चिल्लाती है
दूध ये पीती है बोतल से
फिर आराम से सो जाती है

64.

मेट्रो ट्रेन की शान निराली
है ये बहुत से रंगों वाली
ये तो बिल्कुल शोर न करती
रुक कर, तेजी़ से चल देती

अंदर बाहर से ये चमकती
ऐ.सी. चलता, ठंडी-ठंडी
कभी ये दौड़े कितनी ऊंची
कभी टनल के अंदर घुसती

अपने आप ही गेट है खुलता
और खुद ही फिर बंद हो जाता
पहले ही ये बतला देती
कौन सा स्टेशन आने वाला

कोई धुआं नहीं उठता है
और कोई आवाज नहीं है
अपनी मेट्रो के क्या कहने
कौन है जिसको नाज़ नहीं है

65.

आज तो है प्यारा इतवार
लगता जैसे है त्यौहार
मम्मी, पापा, मेरी छुट्टी
सब आराम से हों तैयार

आज बनेंगे चाय-पकौड़े
खाएंगे हम बड़े मज़े से
शाम को घूमने जाएंगे सब
मूड़ में सब होते मस्ती के

मम्मी ने इक बात बताई
काम की मैंने लिस्ट बनाई
काम आराम से अधिक जरूरी
घर की मिलकर करो सफ़ाई

66.

भीड़ बहुत सब्ज़ीमंडी में

दादी मुझको साथ में लाई
रेहड़ी भरी पड़ी सब्ज़ी से
सबने ख़ूब आवाज़ लगाई

आलू, प्याज, टमाटर, गोभी
भिंडी, बैंगन, घीया, तोरी
हर इक सब्ज़ी छांट-छांट कर
दादी ने सारी दिलवाई

फलवालों के पास गए तो
बैरी, पीयर, सेब दिखाया
मैंने बोला बेर भी ले लो
दादी ने सब कुछ दिलवाया

थैले हो गए बहुत ही भारी
उठा के इनको सर चकराया
मेरी पसंद की सब्ज़ी लाकर
मंडी जाना मुझको भाया

67.

ट्रेन तो मेरी छुक-छुक चलती
हर स्टेशन पर रुक-रुक चलती
कभी दौड़ती फर्राटे से
और कभी ये टुकटुक चलती

पेड़ और खंभे पीछे भागे
तेज हवा खिड़की से आए
दूर खेत में फ़सल दिखे और
कहीं पे बैल और हल दिख जाए

कोई तो अखबार पढ़ रहा
कोई ताश के पत्ते बांटे
कोई गाने सुने फोन पर
और कोई भरता खर्राटे

जाने कब फिर नींद आ गई
रेल तो हिलती जैसे झूला
मुझे जगा कर पापा बोले
उठो हमारा स्टेशन आया

68.

प्यारी मेरी जान किताबें

नॉलेज की हैं खान किताबें
ज्ञान बढ़े, करती मनोरंजन
मुझको तो वरदान किताबें

हिस्ट्री, साइंस और भूगोल
बिन पुस्तक ये सारे गोल
पुस्तक हमको सिखलाती
कुछ भी बोल, पहले तोल

सीधे बैठो तुम कुर्सी पर
कम लाइट में कभी न पढ़ना
दूरी सही रखना पुस्तक से
नहीं पड़ेंगी आंखें मलना

कितनी सुंदर पिक्चर इसमें
चित्रकथा तो है मज़ेदार
मोबाइल, कंप्यूटर छोड़ो
पुस्तक आगे सब बेकार

69.

पापा हर दिन काम पे जाते
सुबह निकलते रात को आते
रोज़ बहाते खून-पसीना
पैसे तभी कमा कर लाते

सैर-सपाटा खूब कराते
कितने सारे गेम्स दिलाते
कितनी कॉपी और किताबें
और हम अच्छे स्कूल में जाते

यूनिफॉर्म, कोई भी ड्रेस हो
खाना भी पैसे से आए
रहने को ये घर भी दिलाया
और हम सब आराम से रहते

पूरा ध्यान हमारा रखते
मम्मी-पापा कितने अच्छे
पैसा कभी भी वेस्ट न करना
मुझे हमेशा यही सिखाते

70.

रोज़ सुबह पढ़ना अख़बार

नॉलेज के बिन सब बेकार
मनोरंजन भी करता है
ज्ञान का इसमें है भंडार

ये मौसम का हाल बताए
धूप खिले या बारिश आए
सूरज कब आए मुस्काता
और चांद कब गगन में आए

मदद तुम्हारी करता है
करते हो गर तुम व्यापार
कुछ भी ख़रीदो, बेचो तुम
सभी तरह के इश्तहार

स्कूल की कब छुट्टी हो जाए
जाकर फिर आओ बेकार
निकलो घर से जब भी तुम
पहले पढ़ लेना अख़बार

71.

आया एक कबाड़ीवाला

रिक्शे में कई बोरे लाया
जोर से चिल्लाता वो "कबाड़ी "
साथ में वेइंग मशीन भी लाया

कागज़, गत्ता सब ले जाता
प्लास्टिक, लोहा भी तो उठाता
ए.सी., टीवी, हो कंप्यूटर
फ्रिज, बैटरी भी ले जाता

कितना बोझा रोज़ उठाता
गली-गली चक्कर ये लगाता
घर की हो जाती है सफ़ाई
लाभ यूँ दोनों को हो जाता

72.

लुकाछुपी का खेल है भाता
मज़ा है जब बच्चे हों ज़्यादा
सारे चोर हैं, एक सिपाही
पकड़े गए तो शामत आई

हाथों से आंखों को ढक कर
गिनी बीस तक पुलिस ने गिनती
चोर दौड़ कर छुप गए सारे
उन्हें ढूंढने आया सिपाही

कोई छुपा था बेड के नीचे
कोई दरवाज़े के पीछे
नहीं मिली जब कोई जगह तो
छुप गया वो पर्दे के पीछे

मगर स्मार्ट था बहुत सिपाही
जिससे चोर का पड़ा था पाला
कोई भी तो बच ना पाया
धप्पा कह कर सबको निकाला

73.

मनोरंजन हो या हो पढ़ाई
स्कूल हो कॉलेज या दफ़्तर
इसके बिन अब काम चले न
घर-घर में है कंप्यूटर

जांच, इलाज या कोर्ट-कचहरी
रॉकेट हो या एरोप्लेन
कागज अब तो हुआ फालतू
ये सब कंप्यूटर की देन

तुम भी चलाना सीख लो इसको
वरना पड़ेगा पछताना
दुनिया कहेगी तुमको पिछड़ा
कंप्यूटर का है ये ज़माना

74.

वाइट कलर की मेरी कार

जिसमें बैठे हम सब चार
बैठे-बैठे डांस मैं करती
बिन म्युज़िक के ये बेकार

बहुत स्ट्रॉन्ग है ऐ.सी. इसका
स्क्रीन पर आ जाता है रस्ता
बिल्कुल भी आवाज़ न करती
सीट है ऐसी जैसे सोफा

सीट बेल्ट हम सभी लगाते
टर्न पर इंडिकेटर जलाते
हॉर्न तो कम से कम ही बजाते
और सफ़ाई रोज़ कराते

जब भी कोई फंक्शन होता
सब जाते होकर तैयार
मैं भी सीखूं इसे चलाना
मुझको प्यारी मेरी कार

75.

हम तो सारे हो गए फुर्र
घर से निकले सिंगापोर
कैब से पहुंचे एयरपोर्ट
अपने आप ही खुल गया डोर

टिकट से मिल गया बोर्डिंग पास
एरोप्लेन था बहुत ही ख़ास
होस्टेस दीदी ने की नमस्ते
मैं ने भी की हंसते-हंसते

तभी आवाज़ ये दी सुनाई
उड़ने की अब बारी आई
बैठ सीट पर बेल्ट लगाई
और कानों में रुई घुसाई

फट से दौड़ा अपना प्लेन
टेढ़ा होकर उड़ गया प्लेन
घर और सड़कें रह गई नीचे
न कोई फियर न कोई पेन

प्लेन तो अब बिल्कुल नहीं हिलता
ये तो लगता रुका हुआ है
पायलट अंकल ने तब बोला
ये फुल स्पीड से दौड़ रहा है

होस्टेस दीदी लंच ले आई
बाद में फ्रूट और आइसक्रीम लाई
प्लेन की यात्रा सफल हो गई
खाना खाकर मैं तो सो गई

76.

कार से हम गए हरिद्वार
हरिद्वार में बहती गंगा
गंगा नदी तो बहुत ही चौड़ी
इसकी हम करते हैं पूजा

गंगा में मैं खूब नहाई
ठंडा-ठंडा जिसका पानी
कोई कहता हर-हर गंगे
शाम को देखी गंगा आरती

शिव की मूर्ति कितनी ऊंची
नदी में डॉल्फिन और थी मछली
गंगोत्री से गंगासागर
गंगा अपनी राष्ट्रीय नदी

77.

पापा ले आए पोर्ट ब्लेयर

वहां पर देखा मैंने सागर
लहरें जैसे डांस कर रही
नांव डोलती इधर-उधर

सागर में था कितना पानी
चख कर देखा खारा पानी
कई जहाज भी मैंने देखे
छोटी-बड़ी भी देखी मछली

सागर हमको देता भोजन
और भोजन के साथ ऑक्सीजन
सागर में मत प्लास्टिक डालो
मछली का घट जाता जीवन

78.

कल जब मेरा बर्थडे आया
जादूगर ने जादू दिखाया
काला कोट और काली ही पेंट
कालीं टोपी पहन कर आया

कोई पकड़ी कोई उछाली
चार बॉल से खेल दिखाया
डब्बा तो बिल्कुल खाली था
रैबिट उसमें कहां से आया!

तोता कैसे बना कबूतर
वापस कैसे बना वो तोता!
"दो सिक्के हैं देखो साहब"
कैसे हो गए दोनों गायब!

वो जादू की छड़ी घुमाकर
मुझसे बोला दे दो पैसे
तुम्हें बना दूंगा मैं मुर्ग़ी
मना करोगे गर तुम ऐसे ...

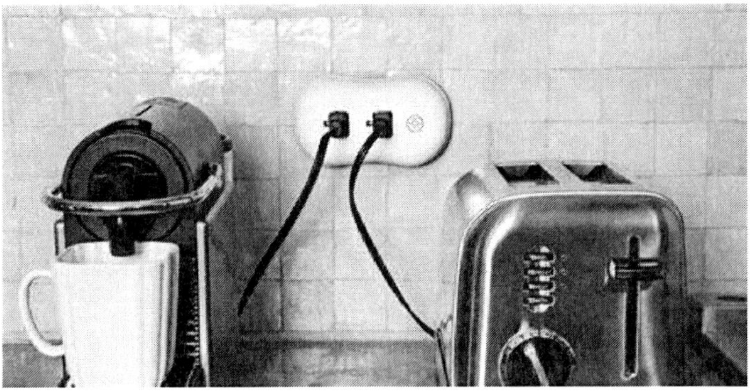

79.

बिजली बहुत काम है आती
जीवन में खुशियां भर लाती
ऐ.सी., हीटर, गीज़र, पंखा
टीवी, ट्यूबलाइट जल पाती

कंप्यूटर या लैपटॉप हो
सेल, रेडियो, फ्रिज, कूलर
बिन बिजली बेकार है सारे
जीना हो जाए दूभर

यूज़ करो कैसे भी इसका
पर बिजली ना व्यर्थ जलाओ
आविष्कारक थे फ्रैंकलिन
जियो और उनके गुण गाओ

80.

आग बुझाने गाड़ी आई

ये तो टन-टन करती आई
इसका जाना बहुत जरूरी
छोड़ो रस्ता, छोड़ो भाई!

लाल रंग की है ये गाड़ी
इसमें भरा हुआ है पानी
लंबी सीढ़ी इसकी छत पर
ड्रेस अंकल की बिल्कुल न्यारी

बहुत साहसी दमकल वाले
सबकी जान बचाने आते
आग से कभी नहीं घबराते
झटपट इसे बुझाने आते

81.

मेरे स्कूल में खेल दिवस

गेम है इसमें कितने सारे
दौडूंगी मैं इतनी तेज़
रह जाएंगे पीछे सारे

खेल तो मुझको बहुत ही भाता
बैट-बॉल भी मुझको आता
खो-खो और कबड्डी खेलूं
बास्केटबॉल भी मुझको आता

खेल से बिग एंड स्ट्रांग बनें हम
काम करें सब, नहीं थकें हम
खेल खेलना बहुत ज़रूरी
फिर ना होंगे किसी से भी कम

82.

पिंक कलर की मेरी साइकिल

ये तो है तीन पहिए वाली
कभी इसे मैं घर में चलाऊं
कभी रोड पर करूं सवारी

पीछे छोटी बहन बिठाऊं
बार-बार घंटी भी बजाऊं
यूं तो मुझे चलानी आती
टेढ़ी हो तो पांव टिकाऊं

मेरी बास्केट में है बॉल
और है इक पानी की बोतल
भूख लगेगी गर रस्ते में
साथ में एक बड़ा सा एप्पल

83.

मेरे घर के पास है पार्क

पापा मुझे घुमाने लाते
ओपन जिम और बहुत से झूले
झूल-झूल कर गाने गाते

घास पे हम सब दौड़ लगाते
और कलाबाज़ी भी खाते
कभी लटकते एक रोड से
सीढ़ी चढ़ते, फिसलते जाते

रंग बिरंगे फूल हैं इसमें
पेड़ लगे हैं कितने सारे
बारिश कभी जो आ जाए तो
हट के अंदर हम घुस जाते

84.

देखो आया बालभवन
वहां मेरा लगता है मन
टिकट नहीं है कोई इसमें
भारत का है ये दर्पण

कठपुतली का होता शो
इक छोटा सा मछलीघर
यहां म्यूज़ियम बहुत बड़ा
और इक इसमें चिड़ियाघर

आज़ादी की सुनी कहानी
और सेनानी की हिम्मत
है विज्ञान पार्क इसमें
दिखती भारत की ताक़त

85.

गई थी मैं सूरजकुंड मेला
भीड़ बहुत रेले पे रेला
सभी दुकानें सजी हुई थीं
और गिफ्ट से भरी हुई थीं

आधी टिकट लगी थी मेरी
दौड़ के मैं मेले में पहुंची
ढोल इक ढम ढम ढम बजता था
लड़का रस्सी पर चलता था

एक दुकान पे कुल्फी खाई
पापा ने इक कैप दिलाई
लकड़ी के घोड़े पर झूली
खुशी से जैसे मैं तो फूली

जादूगर ने शो दिखलाया
खूब डराया, खूब हंसाया
कभी वो कुछ ग़ायब कर देता
वही हवा से पकड़ कर लाता

शीशों में जब चेहरा देखा
किसी में लंबा, किसी में टेढ़ा
थक कर चलना हुआ जो भारी
हाथी, ऊंट की करी सवारी

अच्छा था मेले में आना
पापा जी अब भूल न जाना
नहीं चलेगा कोई बहाना
अगले साल दोबारा लाना

86.

हॉलीडे पापा ने मनाया

रेल म्यूज़ियम हमें दिखाया
बहुत बड़ा था, लंबा-चौड़ा
पूरा दिन ही वहां बिताया

भाप के, डीजल और इलेक्ट्रिक
सब इंजन की बात बताई
रेल कार, वैगन दिखलाए
टॉय ट्रेन में सैर कराई

मोनो रेल ट्रेन भी देखी
विंटेज फेयरी क्वीन दिखाई
घूम-घूम के थक गए जब तो
रेस्टोरेंट में मौज उड़ाई

87.

स्कूल से निकले हम पिकनिक को
होकर सब बच्चे तैयार
महरौली के लालकोट में
हमने देखा क़ुतुब मीनार

इसको कहते विजय मीनार
ये है पुराना आठ सौ साल
विश्व धरोहर भारत की
लगे थे जिसमें तेइस साल

ऊपर नौ नीचे संतालिस
दो सौ अड़तीस फीट है ऊंची
पायदान तीन सौ उन्यासी
पांचों मंज़िल बनी ईंट की

कुतुबुद्दीन ने था बनवाया
इल्तुतमिश ने फिनिश कराया
लौह स्तंभ पर ज़ंग लगे न
जाने कैसे इसे बनाया

88.

हमने देखा लालक़िला

लालक़िला तो बहुत बड़ा
नदी किनारे यमुना के
शाहजहां ने बनवाया

दिल्ली और लाहौर द्वार हैं
चट्टा चौक और ख़ास महल
आम और ख़ास दीवान हैं इसमें
रंग महल, मुमताज़ महल

दस सालों में हुआ ये पूरा
कितना सुंदर और विशाल
लाल रंग के पत्थर इसके
जो देखे कहता है "कमाल!"

विश्व धरोहर ये दिल्ली में
तीन सौ अस्सी साल पुराना
चाचा नेहरू ने पहली बार
यहीं तिरंगा फहराया

89.

सबसे बड़ा ये हिंदू मंदिर गिनीज़ बुक में इसका नाम
दिल्ली नोएडा के बॉर्डर पर मैंने देखा अक्षरधाम

देश-विदेश से देखने आते बना है यमुना नदी के पास
बी.ए.पी.एस. ने बनवाया स्वामीनारायण का दिव्य निवास

बीस हज़ार से अधिक मूर्ति, एक सौ अड़तालीस हाथी
शहजानंद, नीलकंठ और संस्कृति दर्शन प्रदर्शनी

बहुत ही सुंदर गार्डन इसमें, फव्वारे और गर्भग्रह
ज्ञान, शांति और सभ्यता का है ये अनोखा हिंदू स्मारक

90.

पापा लाए चिड़ियाघर
मैंने देखा जी भर कर
कहने को चिड़ियाघर है
ये तो बहुत से पशु का घर

भालू, टाइगर, हाथी, गैंडा
घूम रहा था बारहसिंघा
हिरण, लोमड़ी और भेड़िया
उल्लू, मोर, सांप और तोता

बाघ में जब दहाड़ लगाई
मानो सबकी शामत आई
खड़ा हुआ था शुतुरमुर्ग और
मगरमच्छ ने ली अंगड़ाई

थक कर जब मैं चूर हो गई
कैंटीन पर धावा बोला
"मेरे लिए भी तो कुछ छोड़ो"
और मत खाओ भैया बोला

91.

मैंने देखी इक पिक्चर
पिक्चर में थी इक सर्कस
रिंग मास्टर सर्कस में
हाथी, घोड़ा और चीते

कुत्ते, मुर्गा, बंदर, भालू
सबने फिर करतब दिखलाए
यूनीसाईकिल कोई चलाए
कोई अपना नाच दिखाए

ढीले ढाले कपड़े पहने
गधे पे बैठा जोकर आया
मोटी नाक और लाल था चेहरा
रो-रो उसने खूब हंसाया

बैंड मधुर और कलाबाज़ियां
ट्रैपीज़ पर जिम्नास्ट झूलते
जादूगर का बढ़िया जादू
कोई देखो चला बांस पे

सर्कस की है बात निराली
ऐसे बीती शाम सुहानी

92.

गए आगरा जब हम कल

हमने देखा ताजमहल
शाहजहां ने बनवाया
एक अजूबा है ये महल

यमुना नदी किनारे है
कोई नहीं इस जैसा महल
जिसकी याद में बनवाया
पत्नी थी मुमताज़ महल

बारह साल में बन पाया
बीस हज़ार थे कारीगर
साठ लाख देखें हर साल
भारत में है विश्व धरोहर

गुंबद इसका प्याजनुमा
सारा सफ़ेद संगमरमर
प्रेम प्रतीक मकबरा ये
देखो इसको जी भर कर

93.

पापा ले गए चिल्ड्रन पार्क
पहन के हम सुंदर पोशाक
पार्क तो बहुत बड़ा निकला
खूब करी हम सबने वाक

एंफीथियेटर और झूले
मछलीघर और फव्वारे
फूल बहुत थे रंग-बिरंगे
और एनिमल्स के थे नमूने

बत्तख देखी, मोगली थिएटर
और लाइब्रेरी, जिम भी देखा
रेल का इंजन डब्बे वाला
जिसमें बैठ कर खाना खाया

94.

संडे को गई दिल्ली हाट

नई ड्रेस में लगी स्मार्ट
खाने की भी बहुत दुकानें
मैंने लेकिन खाई चाट

भीड़ बहुत थी हाट में
म्यूजिक लाउड था साथ में
डांस फ्लोर भी बना हुआ
झूम रहे सब साथ में

इतनी सारी शॉप्स यहां पर
खेल-खिलौने कितने सारे
मन करता मैं सब ले जाऊं
सुंदर-सुंदर न्यारे-न्यारे

मैजिक शो भी देखा मैंने
और घोड़े की करी सवारी
शूटिंग में कई प्राइज़ भी जीते
जब भी आई मेरी बारी

95.

घर के पास ही बना हुआ
इस्कॉन मंदिर नोएडा
सात हैं मंज़िल और शिखर
बहुत बड़ा है और ऊंचा

पत्थर के हैं मोर और हाथी
बजता है संगीत सदा ही
संकीर्तन भी अच्छा लगता
लीला देखूं मैं कृष्णा की

मम्मी ने उपहार दिलाए
और खरीदी कई किताबें
पूरा मंदिर मुझे घुमाया
गोविंदा में खाना खाया

संडे फिर मंदिर में आई
सुना प्रवचन आरती गाई
कृष्ण प्रसाद था मज़ेदार
खाकर मुझे डकार भी आई

96.

बोर हो गई जब घर बैठे
मम्मी लेकर गई गुरुद्वारा
गूंज रहा था शबद कीर्तन
और दरबार भरा था सारा

सेवादार थे सब सरदार
दाढ़ी मूँछ और लंबे बाल
जिससे मिलते उसको कहते
वाहेगुरु सत श्री अकाल

पूजा सभा जो खत्म हुई तो
लंगर खाया, कढ़ाह प्रसाद
"जितनी भूख है उतना ही लो
भोजन मत करना बर्बाद"

कोई मूर्ति नहीं यहां पर
गुरु ग्रंथ साहिब भगवान
संगत पंगत में थे सारे
सब धर्मों के एक समान

97.

हो अनेकता में भी एकता

धर्म बहाई ये कहता
लोटस टेंपल तो है अनोखा
सब धर्मों की बातें करता

यहां नहीं है कोई मूर्ति
सभागार है, लाइब्रेरी
नौ द्वार हैं नौ ही कोने
नौ ही बड़ी वाटर बॉडी

सब धर्मों के लोग हैं आते
चुप रहकर ही करते ध्यान
एक अनोखा है भारत में
जहां सभी हैं एक समान

98.

पापा ले गए इंडिया गेट

जब आया पहला इतवार
पहले विश्वयुद्ध वीरों के
नाम लिखे हैं तेरह हज़ार

एक सौ चालीस फुट है ऊंचा
ये है अपना युद्ध स्मारक
याद दिलाता है वीरों की
बना है ये कर्तव्य पथ पर

छतरी नीचे मूर्ति ब्रास की
जलती है अमर जवान ज्योति
छब्बीस जनवरी परेड यहीं से
रोज़ यहां पर पिकनिक मनती

आइसक्रीम और पॉपकॉर्न खाए
और हमने खेली अंताक्षरी
देर रात फिर घर को लौटे
छुट्टी बीती खूब हमारी

99.

मार्च महीने घर से निकले
मुगल गार्डन देखा हमने
इतना बड़ा और इतना सुंदर
एक लाख इसे देखने आते

चंपा फूल, चमेली, गेंदा
और गुलाब की बहुत हैं किस्में
हरसिंगार, दहलिया फ्लावर
और बोनसाई पेड़ हैं इसमें

जड़ी-बूटियां और औषधि
म्यूज़िक वाले हैं फव्वारे
कोई गाए वंदे मातरम्
और कोई शहनाई सुनाए

बटरफ्लाई और पर्दा गार्डन
महके इनसे बग़ीचा सारा
राष्ट्रपति भवन के पीछे
बना ये मुग़ल गार्डन प्यारा

100

सागर में ढोता जलयान

अंकल, आंटी और सामान
चलता जाए रुके बिना
आंधी आये या तूफ़ान

ये तो नाव से बहुत बड़ा
जैसे हो कोई मैदान
इतनी सारी फिश पकड़े
ये तो है भारत की शान

पोयम गायी डांस किया
मस्ती की थी दिन और रात
खाना-पीना ख़ूब हुआ
क्रूज़ में घूमे सबके साथ

गैस, भाप, डीज़ल से चले
पनडुब्बी भी एक जहाज
देश की रखवाली करती
हम सबको है इस पर नाज़

101

बच्चों का अपना संसार-2

सबको हम पर आता प्यार

हैप्पी बर्थडे जब आता है
गिफ्ट से कमरा भर जाता है
गाने गाते डांस भी करते
हलवा पूड़ी मिल जाती है
कितना अच्छा हो न पापा
साल में ये आए कई बार
सबको हम पर आता प्यार

दुनिया भर की बातें करते
खूब दौड़ते हंसते-हंसते
कभी लड़ाई-झगड़ा करते
अगले पल फिर खेलने लगते
बोर कभी ना हुए दोस्तों
भाई-बहन थे मेरे चार
सबको हम पर आता प्यार

बच्चों का अपना संसार
सबको हम पर आता प्यार